QUATRE MILLIONS

A RETRANCHER

DU BUDGET DE 1831.

PAR M. ÉTIENNE GOSSE,

MEMBRE DE LA SOCIÉTÉ PHILOTECHNIQUE ET DE LA COMMISSION DES AUTEURS DRAMATIQUES.

> Chers animaux, votre race est mauvaise :
> Sans travailler chacun veut vivre à l'aise ;
> La convoitise est bien dans votre sein,
> Chacun voudrait l'avoine du voisin :
> Et quarante ans de discordes civiles
> N'ont point détruit vos coutumes serviles.
> Et les hurleurs, gens de bon appétit,
> Ont immolé le grand nombre au petit :
> Et l'on ne voit de l'un à l'autre pole,
> Que privilége et lâche monopole.
>
> (Extrait des Ecrévisses et des Escargots ou les Suites des trois Journées ; Histoire des Bêtes parlantes ; partie inédite.)

SE VEND AU PROFIT DES POLONAIS. PRIX : 1 FR.

PARIS.

CHEZ WERDET, LIBRAIRE,

RUE DES GRANDS-AUGUSTINS, N° 21.

J.-N. BARBA, LIBRAIRE, PALAIS-ROYAL.

1831.

QUATRE MILLIONS

A RETRANCHER

DU BUDGET DE 1831.

Liberté, Economie.

QUATRE MILLIONS

A RETRANCHER

DU BUDGET DE 1831.

PAR M. ÉTIENNE GOSSE,

MEMBRE DE LA SOCIÉTÉ PHILOTECHNIQUE ET DE LA COMMISSION DES AUTEURS DRAMATIQUES.

> Chers animaux, votre race est mauvaise:
> Sans travailler chacun veut vivre à l'aise;
> La convoitise est bien dans votre sein,
> Chacun voudrait l'avoine du voisin :
> Et quarante ans de discordes civiles
> N'ont point détruit vos coutumes serviles.
> Et les hurleurs, gens de bon appétit,
> Ont immolé le grand nombre au petit :
> Et l'on ne voit de l'un à l'autre pole,
> Que privilége et lâche monopole.
>
> (Extrait des Ecrévisses et des Escargots ou les Suites des trois Journées; Histoire des Bêtes parlantes; partie inédite.)

SE VEND AU PROFIT DES POLONAIS. PRIX : 1 FR.

PARIS.

CHEZ WERDET, LIBRAIRE,
RUE DES GRANDS-AUGUSTINS, N° 21.

J.-N. BARBA, LIBRAIRE, PALAIS-ROYAL.

1831.

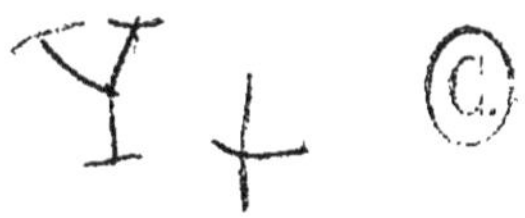

IMPRIMERIE DE DAVID,
boulevard Poissonnière, n. 6.

QUATRE MILLIONS

A RETRANCHER

DU BUDGET DE 1831.

J'AI le malheur de me trouver parmi ces esprits confians qui ont pris la révolution de juillet *au sérieux*; j'ai pensé qu'un trône populaire sorti des barricades, et qu'un roi fait à coups de pavés, nous promettaient au moins la destruction du monopole et l'abolition des priviléges, et je me suis empressé, pour en faire sentir la nécessité dans les choses théâtrales, de publier deux mois après les grandes journées, une brochure sur l'abolition des priviléges et l'émancipation des théâtres. Dans cet écrit, j'ai tâché de démontrer les propositions suivantes : L'esprit de privilége est nuisible aux progrès de l'art : le gouvernement dépense en pure perte plus de deux millions par an par les subventions qu'il accorde aux théâtres. Cet argent ne sert qu'à entretenir la paresse, à favoriser l'intrigue et à détruire toute émulation ; l'on doit profiter de la destruction d'un trône broyé dans la rue pour faire disparaître de tels abus. Tout ce que Charles X accorda par faveur ne peut raisonnablement engager le roi Philippe. Ce principe est si évident, que le député Thil, dans son rapport sur la liste civile, bien qu'il nous paraisse peu rationel, n'a pu s'empêcher de le reconnaître, même en le faussant : et c'est dans cet état de choses que M. de Montalivet se permet, lorsqu'aucune somme légale n'est mise entre ses mains pour cet objet, et avant la discussion du budget, de continuer des subventions et de prendre dans la poche des contribuables des sommes qui ne lui sont point encore allouées. Eh quoi! le même ministère qui a déclaré à la tribune qu'il fallait laisser peser sur la presse un impôt peut-être injuste, mais qui rapportait 381 mille francs par an, somme nécessaire au trésor épuisé, ce même ministère ne craint pas d'engager sa responsabilité dans les sommes considérables qu'il fait distribuer à ses favoris pour la direction des théâtres indûment subventionnés! On sent tellement le péril et la fausseté de cette position, que, pour mettre sa responsabilité à couvert, on a nommé avec une grande ostentation une commission, et que l'on paraît n'approuver que le travail qu'elle présente; mais les députés patriotes et le public ne se laisseront pas séduire par cette déférence masquée. Le ministre a eu le soin de ne composer cette commission que de ses agens, ou d'hommes bien connus par leur amour du privilége. M. le duc de Choiseul est le seul dont les principes patriotiques pourraient défendre une économie devenue indispensable dans un moment où la misère du peuple cause partout des perturbations dangereuses; mais entourée de doctrinaires, que pouvait son opinion, lorsqu'elle n'était ni soutenue, ni éclairée même par d'autres patriotes aussi sincères que lui?

La Belgique, comme la France, avait un théâtre royal et subventionné; mais après que le trône a été noyé dans le sang des Belges, personne n'a pensé à continuer le système du roi Guillaume, et l'on eût regardé à Bruxelles comme une idée impie la prolongation des faveurs accordées par le tyran déchu; en présence d'un peuple malheureux et souffrant, d'un peuple mitraillé par les soldats hollandais, qui eût osé donner l'argent du pays aux favoris de la maison de Nassau? En effet, M. Langle, quoique d'origine française, mais remplissant les fonctions de commissaire royal près le théâtre, n'est point retourné à Bruxelles pour reprendre ses fonctions.

Les comédiens, quoique liés par des engagemens avec le roi de Hollande, ont tous compris que leurs actes, quoique synallamagtiques, avaient été rompus par la mort civile de l'une des parties contractantes (et c'est bien le moins qu'un roi qui fait mitrailler son peuple soit frappé de cette peine), les comédiens n'ont point demandé l'exécution de leurs engagemens; il n'est entré dans l'esprit d'aucun d'eux que les habitans de Bruxelles dussent ratifier les faveurs accordées par leur roi brutal et parjure.

Les Belges ont fait mieux : fidèles au principe de leur révolution, ils se sont empressés de régler leur législation théâtrale d'après la loi de 91, ce que j'avais indiqué dans ma brochure, que je n'ai pas manqué de leur envoyer. L'émancipation des théâtres a été l'un des principes de leur charte : ils ont aboli toute censure préventive; ils ont reconnu que tout citoyen avait le droit de faire construire un théâtre en se conformant aux réglemens de voirie, et que tout délit occasionné par les représentations théâtrales serait puni par le droit commun dans la personne de ses auteurs et complices.

Rien ne démontre d'une manière plus évidente la fausse marche dans laquelle est entrée le ministère français, et les embarras inextricables dans lesquels s'est jeté M. de Montalivet, que la conduite ferme, franche et patriotique qu'a suivie le gouvernement belge. Tandis que nos voisins ont réuni à la fois les deux principes d'économie et de liberté qui devaient être la conséquence immédiate des nouvelles lois de leur pays régénéré, le ministère français a présenté sur les théâtres une loi où la stupidité le dispute à l'atroce, loi si inconcevable, si ridicule, que jamais on n'osera l'exposer à une discussion publique. D'un autre côté, déjà plus d'un million a été indûment, illégalement dissipé sans que nos théâtres en aient été plus heureux.

En suivant les calculs que j'ai déjà présentés dans ma brochure du mois d'octobre dernier, les subventions se montent à 1,600,000 fr. par an; en supposant que les quatre-douzièmes demandés en ce moment par le ministère soient accordés par la Chambre, il en résultera que le ministère aura payé pendant douze mois, depuis août dernier jusqu'au mois de septembre 1831, sans autorisation et sans contrôle des Chambres, ces subventions énormes ; il ne sera donc plus question d'autoriser des dépenses à faire, mais les députés auront, pour ainsi dire, la main forcée, car on présentera à leur approbation des dépenses déjà faites; il faudra y ajouter encore les dettes de ces théâtres que le gouvernement s'est chargé de payer et elles se montent encore à près de deux millions; comment se fait-il que lorsqu'on veut gouverner avec le mot magique *d'ordre légal*, on oublie les formes du gouvernement représentatif? Le reproche est d'autant plus grave et mieux fondé, que ce même ministère, prévoyant que la dissolution de la Chambre ne lui laisserait pas le temps d'examiner la loi présentée sur la liste civile, s'est borné à demander un crédit provisoire de quelques millions, pour payer, a-t-il dit, sous sa responsabilité, les créanciers de la liste civile qui éprouvent les plus grands besoins. Ce que l'on a demandé pour la liste civile, pourquoi a-t-on négligé de le demander aussi pour les subventions de théâtre? Que les administrateurs à l'essai, que les chefs improvisés, que les amis de collége que M. de Montalivet a mis à la tête de ses divisions, ignorent les exigencces du gouvernement représentatif, on le conçoit; mais M. de Montalivet est-il assez malheureux pour ne pas avoir auprès de lui un seul homme qui l'éclaire sur des démarches aussi hasardées, aussi aventureuses? Le ministre vient d'arrêter que l'Opéra recevrait une subvention de 850,000 fr. par an, et serait régi au compte du gouvernement jusqu'au mois de juin, que M. Véron en serait le directeur, et qu'à cette époque, l'adoption du budget en ferait un entrepreneur à ses risques et périls, avec la même subvention de 850,000 fr. par an.

Les journaux dévoués n'ont pas manqué de publier que le ministre venait de mettre à exécution le plan proposé par la commission. Sans doute, M. de Choiseul aura été frappé de toutes les dépenses inutiles faites par l'ancien chargé des beaux-arts, M. Sosthènes de Larochefoucault; il n'aura pas trouvé sans étonnement une somme de 75,000 fr. portée au budget de l'Opéra sous le titre de *dépenses inappréciables*, et s'il a poussé plus loin ses investigations, il n'aura pas appris sans peine que l'on prenait sur ces fonds une somme de 3,000 fr. par an pour la donner à un journaliste chargé de vanter la bonne administration de M. Lubbert, et d'adresser de grossières injures aux rédacteurs qui examinaient consciencieusement les actes de ce directeur. Je ne parlerai pas de toutes les autres dépenses inutiles et scandaleuses faites à l'Opéra, comme du caissier à 8,000 fr. d'appointemens et à logement gratuit, et deux sous-caissiers encore bien rétribués, et d'autres commis attachés à ce bureau, qui élevaient les traitemens de la caisse à plus de 20,000 fr. par an.

Je ne dirai rien non plus de ces coiffeurs et coiffeuses chargés de veiller, pour ainsi dire, à la moralité des danseuses, ni de ces dépenses faites pour des escaliers séparés, afin que les deux sexes ne fussent jamais confondus, ainsi que cela se pratique dans les temples protestans, où les hommes et les femmes sont tenus de prier sur des bancs séparés.

Je ne mentionnerai pas davantage 1900 entrées gratuites accordées sans motif à des personnes riches, tandis qu'on les enlevait brutalement à des auteurs qui, au terme du réglement, les avaient acquises par des ouvrages reçus depuis long-temps et mis en répétition. Dans le registre de ces contrées on remarquait celle-ci : M. le comte de .... homme bien pensant et faisant partout l'éloge de l'Opéra. M. le duc de Choiseuil, et le secrétaire de la commission, M. Cavé, homme d'un caractère juste et ferme, et patriote éclairé, ont sans doute mis ordre à toutes ces niaises dilapidations. Mais il me restera toujours un reproche très-grave à adresser au ministère de l'intérieur, comme à tous les commissaires de la liste civile qui ont ordonnancé depuis le mois de juillet dernier tous les fonds pour payer de telles superfluités.

Mais, dira-t-on, que pouvait faire le ministère chargé de la surveillance de l'Opéra? Devait-il laisser tomber en ruine un établissement qui déjà a coûté tant de sacrifices à l'état, et dont la prospérité est utile à un si grand nombre de familles, un établissement qui attire et retient à Paris une foule d'étrangers riches qui contribuent à le maintenir en le fréquentant avec assiduité? Ce mouvement de sommes versées de toutes parts n'est-il pas favorable à l'industrie et au commerce de

Paris? N'est-ce pas dans les belles représentations de l'Opéra que les modes nouvelles sont signalées avec éclat? N'est-ce pas au balcon de l'Opéra que se réunissent nos grands personnages diplomatiques ? N'a-t-on pas adouci quelquefois dans une promenade du foyer les formes d'un ultimatum ou préparé quelques protocoles? Nos écoles de danse n'ont-elles pas rendu MM. les Anglais tributaires des grâces de nos danseuses et n'a-t-on pas vu nos changeurs de monnaie s'adresser à ces dames pour leur demander des guinées et des roubles? Quoi de plus respectable, disaient encore nos carlistes, qu'un établissement fondé par Louis XIV, qui daigna même y danser le menuet, et qui sut adoucir, par la noble manière avec laquelle il faisait la révérence, les cruautés de la révocation de l'édit de Nantes? Les artistes qui avaient contracté des engagemens de bonne foi devaient-ils se trouver les victimes de la révolution de juillet? Et devait-on faire banqueroute aux fournisseurs qui avaient cru à la durée et à la royauté paternelle de Charles X?

A tout cela je répondrai qu'il y avait peut-être nécessité de ne point abandonner l'Opéra et de lui accorder quelques secours provisoires; mais pour agir d'une manière constitutionnelle, M. Guizot devait demander un crédit provisoire aux Chambres; et persuadé qu'il existait dans cette administration des dilapidations énormes et tous les abus qu'avaient introduits dans les dépenses de la liste civile le favoritisme et l'esprit de désordre de la cour de Charles X, il fallait surtout changer l'administration de l'Opéra. N'était-ce pas en effet en autoriser les abus que d'en demander la réforme aux mêmes administrateurs qui les y avaient introduits? Mais fidèle à son système de quasi-restauration et de quasi-légitimité, M. Guizot, d'après ses doctrines, ne pouvait appliquer à l'Opéra que le *statu quo* qu'il respectait dans d'autres administrations plus élevées, et M. de Montalivet, de qui on attendait d'utiles réformes, n'a fait qu'imiter cette inertie condamnable. Je suis loin d'accuser ses intentions, mais il a été trompé et mal dirigé par ces jeunes hommes dont il marche sans cesse environné : dans tous ces jeunes hobereaux à manières aristocratiques, dans cette nouvelle faction des gants blancs et glacés qui s'est précipitée dans ses salons, il n'a pu trouver une seule bonne tête administrative.

Avec une administration dirigée par de tels hommes, il fallait s'attendre au fâcheux résultat qu'on vient d'obtenir; en effet, malgré deux commissions nommées, et les abus de l'Opéra dénoncés par toutes les feuilles consciencieuses, ce n'est que sept mois après la fuite, et par conséquent la banqueroute de Charles X, que le tenace directeur, M. Lubbert, a été enfin renvoyé et que l'on a commencé quelques réformes. M. de Montalivet a refusé de mettre l'Opéra en adjudication, et il a repoussé la soumission qui lui a été faite par un propriétaire très-riche qui offrait de prendre l'Opéra à son compte, de supporter toutes les charges imposées par les engagemens précédens; il se soumettait à augmenter la troupe de sujets distingués, à faire restaurer à ses frais la salle, qui en a grand besoin, moyennant une subvention de 700,000 fr. par an. Il offrait en garantie de sa gestion un cautionnement de 500,000 fr. soit en immeubles, soit en rentes au choix du ministre; le tort de M. de Montalivet est d'autant plus grave que s'il avait fait une adjudication publique avec un cahier des charges, pour maintenir ce spectacle à la hauteur de laquelle il ne doit pas descendre, en spécifiant le nombre des ouvrages nouveaux à représenter dans l'année et quelques conditions de mise en scène etc., il aurait trouvé des propositions moins onéreuses au gouvernement que celles mêmes dont j'ai parlé ci-dessus, et pour s'en convaincre il suffira de connaître les différens modes de direction qui ont été choisie pour l'exploitation de ce théâtre.

En 1749, le roi donna l'administration de l'Académie royale de Musique à la ville de Paris, et M. Bernage, alors prévôt des marchands, en prit possession et le dirigea de 1749 à 1757 sans d'autres secours que ses propres ressources.

En 1757, la ville traita du privilége pour trente ans avec MM. Rebol et Francœur; ces directeurs ne reçurent de la ville que certains avantages, mais point de secours en argent.

De 1789 à 1792, la ville administra, comme l'avait fait

MM. Bernage et Francœur de 1749 à 1757, M. Duvergne fut directeur.

En 1792, MM. Francœur et Célerier furent nommés directeurs au compte de la ville.

En 1793, Mlle Montansier fit bâtir la salle de la rue de Richelieu, et deux théâtres d'opéra furent administrés aux risques et périls des entrepreneurs.

Ce fut sous le directoire que commencèrent les subventions accordées à la Comédie-Française et à l'Opéra, les deux premiers directeurs furent M. Baco, ancien maire de Nantes, blessé non loin de moi, d'une balle qui lui traversa la cuisse à l'attaque de Nantes par les Vendéens. M. Devismes lui succéda. La subvention ne dépassait pas 200,000 fr.

Mais on pourrait objecter que les grands changemens survenus dans les dépenses théâtrales, et pour un spectacle aussi coûteux que l'Opéra, rendent indispensable la subvention. Sans trop examiner cette nécessité, à laquelle le riche gouvernement anglais a toujours eu le bon sens de se soustraire, il est encore permis d'examiner le chiffre de la subvention : que pourront donc répondre ces hommes qui disposent si libéralement des fonds de l'État, quand on leur prouvera que, sous l'empire, l'Opéra n'a jamais reçu qu'une subvention de 600,000 francs, et certes on ne dira pas que la mise en scène fût négligée. Un seul opéra a coûté plus de 250,000 francs en décorations et en costumes, et cette année, comme toutes celles qui l'ont suivi, jamais l'intendant chargé de ce service ne s'est permis de présenter un budget dépassé d'un seul centime ; l'empereur aurait destitué sans rémission le fonctionnaire imprudent qui aurait autorisé une dépense au-delà des limites fixées par les crédits accordés.

Aujourd'hui le ministre engage inutilement sa responsabilité dans des démarches fausses et inconstitutionnelles ; il se jette à plaisir dans des embarras inextricables ; car il n'y a pas nécessité de fausser les conséquences de la révolution de juillet, pour n'assurer aucun avenir ni à l'art ni aux artistes ; et encore une fois, il ne peut disposer de la direction de l'Opéra que par le moyen d'une adjudication publique ; alors

M. Véron, s'il se croit en état de bien administrer à ses riques et périls, pourra entrer en lice comme les autres ; mais nous ne voyons pas ce qui peut lui mériter en ce moment une préférence accordée aux dépens des fonds de l'état : une adjudication faite avec la publicité convenable attirera l'attention des capitalistes et sera plus utile que la faculté que veut se ménager le ministre en donnant des places à ses créatures ; l'Opéra n'est plus destiné à chanter la magnificence de nos maîtres; les Trajan, le Berceau d'Henri IV, François Ier à Chambord, et autres maisons impériales, royalistes et bourbonninees ne doivent plus être imposées à nos budgets : la royauté populaire ne doit tenir son éclat et sa force que de l'amour du peuple ; les chœurs, les décorations, et les complaisantes rimes des auteurs et des musiciens pensionnés n'ont que-faire là ; Rossini n'a plus de *libretti* à nous donner sur le sacre de Rheims et toutes les huiles de la Sainte-Ampoule ne sont plus nécessaires aux cordes de nos instrumens : ce que veut la nation, c'est de l'économie et de la liberté ; les barricades ont dû nous délivrer à toujours des dithyrambes de la restauration et des plates offrandes des poètes de circonstance.

Puisque le gouvernement ne cesse de motiver les lois les plus dures sur les besoins du trésor épuisé, pourquoi ne mettrait-il pas dans le cahier des charges pour l'adjudication de la direction de l'Opéra la vente de la salle et du riche magasin de décorations et de costumes. Réduit à vendre les bois de l'état, le ministère pourrait vendre de même les forêts enchantées de Dodone et d'Armide ; la défroque de Moïse et des divinités de l'Opéra n'a jamais été la garantie des rentiers de l'état. Cette double propriété dans les mains d'un capitaliste ou d'une compagnie ne serait-elle pas une caution suffisante pour le destin futur de l'Opéra ? croit-on qu'il ne naîtrait pas de cette situation la nécessité de continuer un beau spectacle digne encore d'attirer les étrangers ? L'intelligence et les intérêts particuliers de ceux qui risquent leurs fonds vaudront toujours mieux que la surveillance d'agens qui n'ont rien à perdre. Mais, dira-t-on, des banqueroutes pourront s'en suivre, des calculateurs maladroits exposeront l'avenir des artistes; cela est arrivé au grand Opéra de Londres, et les artistes et les fournisseurs n'ont pas été payés. Ce sont des accidens particuliers dont aucun gouvernement n'est responsable, et quand un manufacturier manque à ses engagemens, cela ne compromet la responsabilité d'aucun ministre; d'ailleurs, si des banqueroutes ont eu lieu à l'Opéra de Londres, ce théâtre n'a pas été fermé pour cela, et si quelque chose peut prouver qu'un peu d'intelligence est préférable à de grands capitaux lorsqu'il s'agit de la direction d'un théâtre, c'est que M. Laporte, naguère comédien du Vaudeville de Paris, est depuis trois ans directeur du grand Opéra de Londres.

A l'instant où nous terminions cette brochure, on nous annonce, le 13 mars, un supplément du *Moniteur* publié extraordinairement... Oh! oh! voici sans doute une heureuse et grande nouvelle!... L'héroïque population de Pologne a repoussé les Moscovites; nos cœurs français ne saigneront plus en apprenant le massacre de nos plus fidèles et derniers alliés; les braves qui se sont exposés pour nous auront vaincu sans nous: chaque jour de gloire pour la Pologne aura été un jour de honte pour le gouvernement de la France; mais nous ne verrons plus au moins la tribune française souillée par les ergoties diplomatiques d'un maître Jacques politique, de M. Sébastiani, nouveau Chabrol, également propre au système du recul, du progrès et du juste milieu Hélas! il n'en est rien, et le prote du *Moniteur* ne s'est dérangé que pour nous apprendre plus vite la disgrace du dernier patriote pur et sincère, de l'homme qui a joué pour nous, dans les journées de juillet, sa fortune et sa tête; qui a déjà perdu l'une et n'est pas certain de conserver l'autre; de M. Laffitte enfin, qui va rejoindre La Fayette et Dupont de l'Eure, dont il n'aurait jamais dû se séparer. M. Laffitte cède sa place au héros du centre, à M. Casimir Périer, dans les mains duquel va tomber le portefeuille de l'intérieur. C'est une raison de plus pour nous de publier notre brochure: le nouveau ministre, malgré la déviation de ses principes à l'ancienne opposition dont il a été l'un des plus fermes appuis, est encore fait pour apprécier l'importance de nos conseils, pour juger la justesse de nos reproches : il respecte trop le principe des adjudications publiques, lorsqu'il s'agit des propriétés de l'état, pour ne pas suivre la route que j'indique. Mais l'astre des ministères est bien changeant ! Ces météores éprouvent tant de variétés dans leur course que bientôt ils seront impalpables ; et voici venir M. le comte d'Argout qui reçoit un portefeuille découpé, et qui prend dans ses attributions l'organisation de nos théâtres. Eh bien ! M. d'Argout est un administrateur instruit, sévère et très-laborieux, et rempli d'équité : ce n'est pas à lui qu'on surprendra une signature ; il ne se fait rien à son ministère qu'il ne l'examine et ne décide lui-même : la faction des gants blancs ne pourra rien sur un esprit étendu et juste, et c'est à M. le comte d'Argout que j'adresse avec confiance la nouvelle brochure que je publie. Franchement opposé au système politique du nouveau ministère, je pense encore qu'il peut produire quelque bien sous le rapport administratif. J'expose donc à M. d'Argout que l'Opéra, depuis la restauration, a coûté à la France 950,000 fr. par an ; plus 280,000 fr. du droit féodal imposé sur les théâtres secondaires et les bals et les concerts, droit inique, arbitraire, et qui aurait dû être supprimé après la grande semaine. Malgré toutes ces ressources, un déficit de 1,500,000 fr. a trouvé encore le gouvernement soi-disant régénéré disposé à tout payer. Si l'on ajoute à ce chiffre énorme les sommes dépensées pour la salle provisoire et les employés sinécuristes, inspecteurs, contrôleurs, observateurs, etc., on peut évaluer à plus de 24,000,000 la somme que l'Opéra a coûté à la France depuis la restauration. Cette administration ayant passé de la liste civile au ministère de l'intérieur, là tout doit être réglé par des formes légales ; et pour faire descendre le chiffre de la subvention autant que possible, il faut absolument ne confier l'entreprise de l'Opéra qu'en vertu d'une adjudication publique.

La cause du désordre qui a toujours régné et qui tend encore à se renouveler dans les choses théâtrales administrées par le gouvernement, provient des chefs qu'on a toujours placés à la tête de ces entreprises : ces dépenses futiles et sans nécessité sont tellement reconnues et odieuses aux patriotes, que M. Lacuée, en sollicitant les suffrages des électeurs de Lot-et-Garonne, a cru devoir s'exprimer ainsi : « C'est la grande fortune de nos députés qui fait que toute « l'instruction est pour le riche, et nullement pour le pauvre « que nous donnons des sommes immenses à l'Opéra, aux « académies de danse et de musique, et que nous ne don- « nons presque rien à l'enseignement mutuel. »

L'honorable député, M. Mauguin, m'a répondu, après avoir lu l'écrit que j'ai publié dans les premiers jours d'octobre :

« Je garde soigneusement votre brochure ; j'y puiserai « d'utiles renseignemens quand le budget viendra, et vous « m'avez fait naître le désir de m'occuper de la question des « théâtres. Les trois pages de la fin ne m'ont pas étonné : « que voulez-vous ? Ainsi vont les choses : on s'est fermé les « yeux ; on a dit : *Il n'y a pas eu de révolution ;* les consé- « quences devaient suivre. »

Ce même principe hypocrite et décevant est appliqué à toutes les administrations, et notamment à celle des finances : j'ai déjà publié dans ma brochure d'octobre le fait suivant qui m'est personnel :

« J'ai perdu une place de receveur que j'avais achetée et que je remplissais depuis dix ans à Toulon. Arrive 1815 ; je suis destitué. Par qui ? par M. Louis, sous-diacre en 1789, et ministre des finances en 1815 et en 1830. Quel était mon dénonciateur ? Le député Auran de Pierre-Feu, qui, malgré les fraudes de son élection et malgré les protestations des électeurs de Toulon, a été admis par la chambre dans un moment où elle avait peur d'un grand nombre de démissions. Et pourquoi M. Auran, natif du village de Pierre-Feu, et député de la chambre introuvable, mettait-il tant d'empressement à me faire destituer? C'était pour donner ma place à l'un de ses parens, un nommé Montagne ; et celui-là ne dira point la cause qui l'a fait renvoyer de sa place. Ainsi le ministère et la chambre des députés renferment encore, après quinze ans, les mêmes hommes qui m'ont persécuté à cause de mon opinion libérale. Mais j'aime mieux supporter un plus long dommage que de solliciter un pareil ministre, et je me borne à plaindre un gouvernement qui présente à la France régénérée des agens entachés des persécutions de 1815. Et comment un patriote sincère et pur se serait-il manqué à lui-même en se précipitant dans ces antichambres, où des intrigans, la plupart sans mérite et sans titre, se ruaient sur les places comme les chiens à la curée? »

On verrait par ce fait, si l'on en était convaincu par mille autres plus importans, la marche rétrograde qu'a suivie la révolution de juillet. L'abbé Louis, le baron marchand de vins qui a commencé sa fortune aux dépens des pauvres de Paris en diminuant leurs revenus par le brocantage qu'il a établi à Berci, le grand destituteur de 1815 est encore aujourd'hui ministre des finances : tout son génie se bornera à doubler l'impôt foncier et le droit de la patente : jolie imaginative et parfaitement en rapport avec les misères et les souffrances de l'industrie et du commerce! Déjà l'abbé Louis a mis à l'écart l'honnête M. Savalette, chargé du personnel, et il a rappelé ce bon M. Fougeroux!.. Et les neuf à dix mille percepteurs et receveurs, destitués pour cause d'opinion politique, n'obtiendront aucune réparation du dommage qu'ils ont éprouvé. Les jésuites, les congréganistes, tous ceux qui ont prêté aide et assistance au ministère Polignac et aux ordonnances qui ont fait mitrailler le peuple de Paris ; ceux qui ont contribué par leur crédit et leurs intrigues à la nomination des députés de l'extrême droite, et qui, au besoin, ont créé pour eux des électeurs champignons, ceux-là, comptables inamovibles, et traversant sans danger toutes les révolutions, passant effrontément du camp des Troyens dans le camp des Grecs, ne cesseront jamais de manier les fonds publics ; eux seuls conserveront l'influence que leur donnent leurs rapports de tous les jours avec les contribuables, et les paysans diront : « Le drapeau de notre clocher est tricolore ; mais le percepteur est toujours blanc. Henri V reviendra ; on nous trahit... rien n'est changé. »

L'abbé Louis prétend aujourd'hui que les opinions politiques des comptables n'ont aucune importance pour lui ; qu'il lui suffit d'avoir des agens exacts ; nous lui demanderons pourquoi ces principes n'ont pas dirigé sa conduite lorsqu'il était le ministre de la restauration de Louis XVIII, le désiré à coups de baïonnettes étrangères, et nous offrons de lui prouver que le plus grand nombre des percepteurs et receveurs destitués en 1815 l'ont presque tous été à cause de leurs opinions politiques; je m'honore aujourd'hui d'avoir été compris dans cette brutale proscription. Quant aux comptables qui manquent d'exactitude et de probité, je ne suis point intéressé à les défendre.

Je ferai remarquer cependant qu'au ministère des finances, dirigé par le baron Louis, on ne se borne pas à un deni de justice, en refusant de rendre aux comptables, destitués depuis 1815, les emplois dont on les a dépouillés; mais qu'on ajoute encore que la plupart de ces comptables n'offriraient pas les garanties nécessaires; ainsi on les a dépouillés de leur fortune, et on les attaque maintenant dans leur conduite : il importe donc à leur honneur que tous imitent ma démarche. Il est en France un tribunal qui nous juge tous. Le pouvoir ministériel même ne peut braver les arrêts qu'il prononce; je l'ai dit dans une de mes comédies : *Le magistrat qui juge, à son tour est jugé.* Ce pouvoir, c'est l'opinion publique ; la presse est l'avocat qui dresse les réquisitoires, et à cette barre le menu populaire, comme l'a si bien dit le défenseur des Suisses, le féodal Salvandy, et tout le monde a le droit d'être entendu : c'est là que l'on démasque les tripotages ministériels, et c'est à cette barre seule que l'honneur des citoyens est jugé sans appel.

Mais je reviens à la question des théâtres, des subventions, des privilèges et du monopole. Les subventions ne peuvent être accordées que par des gouvernemens assez riches pour ne pas faire monter les impôts : ils doivent être distribués comme un encouragement aux arts et comme une récompense méritée par des artistes distingués; mais donner des subventions à un spéculateur, c'est augmenter encore le désordre de la restauration et accepter d'avance deux chances également onéreuses. Dans la première, on aura confié sans garantie à un seul homme un matériel, celui de l'Opéra, qui a coûté près de deux millions. Si le spéculateur, par ignorance ou par d'autres causes, ne peut faire honneur aux engagemens qu'il aura contractés envers les artistes, il arrivera, ce qui est toujours arrivé, que le gouvernement, voulant soulager la détresse des acteurs, donnera son argent pour réparer les bévues de l'entrepreneur, ou si le spéculateur est heureux, il en profitera lui seul sans que les artistes touchent la moindre part dans les sommes données par l'état. Ces subventions d'ailleurs ne peuvent être légalement payées qu'après le budget, et comme dépense éventuelle, la charte défend au ministre de s'engager pour plus d'une année. Les priviléges ne sauraient être maintenus, car ils ne sont qu'une faveur de Charles X ; ils ne peuvent pas être continués, car ils sont en opposition avec la loi de 91, la seule loi existante qui puisse régler cette matière. Quant au monopole, il est en opposition avec l'esprit de notre charte et les libertés promises après la révolution de juillet. Tous les députés patriotes auxquels j'ai fait parvenir ma brochure ont eu la bonté de me répondre, et m'ont promis d'en appuyer les deux principes, la liberté et l'économie. M. Dupin l'aîné m'a écrit que, naturellement ennemi des priviléges, il l'appuierait de son vote; M. Aubernon, le seul député de mon département (du Var) qui ne soit pas le fruit du double vote, et M. de Schonen, m'ont fait une réponse à-peu-près dans les mêmes termes : l'honorable député, M. Bavoux, avait tellement été frappé des principes de ma brochure, qu'il m'avait engagé à les réduire dans une pétition et à les présenter à la Chambre. Ce patriote énergique ne devait pas s'attendre à perdre son mandat; et les électeurs de Paris ont donné la préférence à l'avocat Barthe qui a fait destituer le patriote Comte, qui a ressuscité contre les écoles les vieux réglemens de ce bon M. de Corbière : il faut espérer que les électeurs de la loi nouvelle seront mieux avisés cette fois ; car M. Barthe, trop occupé de la marche oblique qui devait le faire conserver dans un ministère formé des centres de la chambre, a oublié de répondre à la brochure que je lui ai envoyée. Cette inconvenance, cette impolitesse a dû me surprendre, d'autant plus que M. Barthe avait été mon défenseur à la Cour royale dans l'appel que j'opposai en 1821 contre le tribunal de première instance, où siégeait le sieur Lavaux, et qui m'avait condamné, avec les rédacteurs du journal *le Miroir*, MM. de Jouy, Arnault, Dupaty et Cauchois-Lemaire, à un mois de prison et à 200 fr. d'amende. Mais il paraît aujourd'hui que les soi-disant libéraux n'arrivent au pouvoir que pour jeter le masque et mentir à tous les actes de leur vie passée.

Qui cause tout ce désordre? D'où provient surtout dans la question que j'examine la différence des mesures prises en Belgique et en France. C'est qu'à Bruxelles on a tenu compte au peuple du sang qu'il a versé pour reconquérir ses droits et ses libertés; il y a eu là une révolution dont on suit les principes, dont on adopte franchement les conséquences; en France, au contraire, les trois grandes journées n'ont produit jusqu'ici qu'une petite mystification.

Je ne puis mieux terminer cette brochure qu'en mettant sous les yeux de mes lecteurs la lettre que notre poète Béranger, qui sait toujours donner à ses pensées une forme originale et spirituelle, m'a écrite après avoir lu ma brochure :

« Nous avons servi la même cause, et l'un comme l'autre « nous ne courons point après les récompenses; c'est bien « faire je crois, et nous devons nous féliciter de notre sa« gesse ; assez d'autres suivent une route différente.

« Vous, mon cher Gosse, que le théâtre intéresse à si juste « titre, tâchez d'ouvrir les yeux de nos hommes d'état sur les « abus nombreux qui s'y sont introduits, mais n'espérez « pas trop de les voir reformer: on ne détrône pas aussi ai« sément les abus que les rois. »

8 octobre 1830.

FIN.

www.ingramcontent.com/pod-product-compliance
Ingram Content Group UK Ltd.
Pitfield, Milton Keynes, MK11 3LW, UK
UKHW020454220726
13923UKWH00006B/2535

9 782019 264468